BEI GRIN MACHT SICH IHR
WISSEN BEZAHLT

GRIN ☺

Victoria Götz

Praktikum in der Kreativwirtschaft

GRIN Verlag

Bibliografische Information der Deutschen Nationalbibliothek:

Die Deutsche Bibliothek verzeichnet diese Publikation in der Deutschen National-
bibliografie; detaillierte bibliografische Daten sind im Internet über http://dnb.d-
nb.de/ abrufbar.

Impressum:

Copyright © 2011 GRIN Verlag GmbH
Druck und Bindung: Books on Demand GmbH, Norderstedt Germany
ISBN: 978-3-656-54258-2

Dieses Buch bei GRIN:

http://www.grin.com/de/e-book/264299/praktikum-in-der-kreativwirtschaft

GRIN - Your knowledge has value

Der GRIN Verlag publiziert seit 1998 wissenschaftliche Arbeiten von Studenten, Hochschullehrern und anderen Akademikern als eBook und gedrucktes Buch. Die Verlagswebsite www.grin.com ist die ideale Plattform zur Veröffentlichung von Hausarbeiten, Abschlussarbeiten, wissenschaftlichen Aufsätzen, Dissertationen und Fachbüchern.

Besuchen Sie uns im Internet:

http://www.grin.com/

http://www.facebook.com/grincom

http://www.twitter.com/grin_com

Victoria Götz

Studiengang Medienwirtschaft Bachelor

Praxissemesterbericht

52222 Integrierte Praxisphase im Sommersemester 2011 (04.04. – 30.09.11)

bei

[Unternehmen_1] GmbH

in [Stadt_1]

Betreuung durch/Ansprechpartner: [Betreuer_U1], Managing Partner

und

[Unternehmen_2] GmbH

in [Stadt_1]

Betreuung durch/Ansprechpartner: [Betreuer_U2], Geschäftsführung

Inhaltsverzeichnis

Tabellenverzeichnis

Abkürzungsverzeichnis

AG	Aktiengesellschaft
Aufl.	Auflage
Bd.	Band
bspw.	beispielsweise
bzw.	beziehungsweise
ca.	circa
d. h.	das heißt
DIN	Deutsches Institut für Normung
ebd.	eben diese/r
ect.	et cetera
evtl.	eventuell
f	folgende
ff	fortfolgende
ggf.	gegebenenfalls
GmbH	Gesellschaft mit beschränkter Haftung
GmbH & Co. KG	Gesellschaft mit beschränkter Haftung und Compagnie Kommanditgesellschaft
Hrsg.	Herausgeber
i. d. R.	in der Regel
s.	siehe
S.	Seite
sog.	sogenannte
SWR	Südwestrundfunk
Tab.	Tabelle
TV	Television
u. a.	und andere
usw.	und so weiter
u. v. m.	und vieles mehr
VDW	Verband deutscher Werbefilmproduzenten
Vgl.	vergleiche
ZDF	Zweites Deutsches Fernsehen

1 Theorieteil

1.1 Beschreibung und Kennzahlen der Branche

Beide Betriebe, in denen ich mein Praktika absolvierte, sind der TIME-Branche zuzuordnen, genauer gesagt der untergeordneten Kultur- und Kreativwirtschaft.[1] Diese umfasst insgesamt 11 Teilbereiche, die sogar in einem europäischen Standard (international: Creative Industries) festgehalten sind. Somit kann sie auch auf internationaler Ebene verglichen werden.[2] [Unternehmen_2] ist hier der Filmwirtschaft zuzuordnen, da man sich hier mit der Film-/TV und Videoherstellung beschäftigt.[3] [Unternehmen_1] muss weiteren Bereichen wie der Musikwirtschaft und dem Werbemarkt zugeordnet werden. Da der Hauptteil meines Praktikums aber bei [Unternehmen_2] stattfand, werde ich auf diese Teilbereiche nicht weiter eingehen.

Seit den 80er-Jahren hat sich die Kultur- und Kreativwirtschaft zu einem der wichtigsten internationalen Wirtschaftszweige entwickelt. Mittlerweile genießt die Branche eine hohe öffentliche Aufmerksamkeit und kann sich - wirtschaftlich betrachtet - durchaus mit den altbekannten großen Treibern, wie bspw. der Automobilbranche messen. Diesen Standpunkt verdankt die Branche der Zusammenfassung aller einzelnen kulturellen und kreativen Wirtschaftsbereiche. Diese Arbeit bleibt jedoch auf den deutschen Markt beschränkt, da sich die geschäftlichen Aktivitäten der beiden Betriebe, in denen ich mein Praktikum leistete, auch lediglich auf nationaler Ebene abspielten.

Im Jahr 2009 verzeichnete die Kultur- und Kreativwirtschaft mit einem Umsatz in Höhe von 131,4 Milliarden Euro einen durchaus repräsentativen Anteil an der wirtschaftlichen Wertschöpfung

---

1 Vgl. Keuper; Puchta; Röder (2009), S. 92-97
2 Vgl. ebd.
3 Vgl. Bundesministerium für Wirtschaft und Technologie (2011), Internet

4

Deutschlands. Dies entspricht immerhin einem Anteil von 2,7 Prozent an der Gesamtwirtschaft.[4]

Mit 237.000 Unternehmen, dies schließt Freiberufler und gewerbliche Unternehmer ein, deckt die Branche 7,4 Prozent an der Gesamtwirtschaft ab.[5] Verblüffend hierbei ist, dass im Gegensatz zu den klassischen Wirtschaftsbranchen wie der Automobilindustrie die "Kleinen" eine entscheidende Rolle spielen.

Weiterhin ermittelte das Bundesministerium für Wirtschaft und Technologie für das Jahr 2009 folgende Werte und Aussagen:

„Selbständige Kulturschaffende und Kleinstunternehmen (lt. EU-Def.: bis zu 2 Mio. Euro Umsatz) erzielten im Jahr 2008 rund 27 Prozent des Gesamtumsatzes der Branche. Nimmt man den Anteil der Kleinunternehmen (lt. EU-Def.: bis zu 10 Mio. Euro Umsatz) hinzu, erreichen die "Kleinen" zusammen mit 43 Prozent einen bedeutenderen Umsatzanteil am Branchenumsatz als Großunternehmen (lt. EU- Def.: ab 50 Mio. Euro Umsatz). Deren Anteil liegt bei 41 Prozent."[6]

„Weiterhin entwickeln sich besonders die Zahlen der Erwerbstätigen sehr dynamisch. So wurden im Jahr 2009 1,024 Millionen beschäftigte Personen innerhalb der Branche gezählt. Ca. 700.000 Erwerbstätige sind hierbei als abhängige Beschäftigte zu nennen. Hieraus lässt sich ableiten, dass knapp unter 30 Prozent der Erwerbstätigen freiberuflich tätig sind. Hierzu gehören vor allem die Autoren, Komponisten, freie Filmemacher, Bühnenkünstler etc. die wiederum die inhaltliche Grundlage für alles weitere Schaffen innerhalb der Branche bilden. Im Bereich der selbstständig tätigen hebt sich vor allem der interessante Aspekt heraus, dass ca. 40 Prozent der Frauen im Bereich der Kultur- und

---

4 Vgl. Bundesministerium für Wirtschaft und Technologie (2011), Internet
5 Vgl. ebd.
6 Vgl. ebd.

Kreativwirtschaft selbstständig tätig sind, wobei in der Gesamtwirtschaft lediglich ca. 7 Prozent zu verzeichnen sind."[7]

In der Film- und Rundfunkwirtschaft, die in dieser Arbeit größten-
teils thematisiert werden, wurden 2009 zusammen Umsätze von
ca. 16,4 Milliarden Euro generiert. Zudem wurden hier ca. 104.400
Erwerbstätige gezählt, inklusive Selbstständiger und abhängiger
Beschäftigter, ohne Minijobs. Die Zahl der Unternehmen und
Selbstständiger lag bei knapp 39.000, wobei hier ca. die Hälfte
Selbstständige und Freiberufler sind. Ca. 39 Prozent der Unter-
nehmen und Selbstständigen in der Filmwirtschaft sind in der Film-
/TV und Videoherstellung angesiedelt.[8]

Zur Unternehmensstruktur im Bereich der Filmwirtschaft lässt sich
eine relative Ausgeglichenheit feststellen: ca. 36 Prozent sind
Großunternehmen, mittlere Unternehmen liegen bei ca. 16 Prozent, während Klein- und Kleinstunternehmen gemeinsam 50 Prozent bilden. Interessant ist hierbei vor allem die Verteilung der
Marktanteile: die Kleinstunternehmen haben einen Marktanteil von
ca. 25 Prozent, im Gegensatz zu den Großunternehmen mit 36
Prozent ein relativ hoher Anteil. Umsatzmäßig liegen die Kleinstunternehmen bei durchschnittlich 200.000 Euro. Die kleinen und
mittleren Unternehmen (5 Prozent Gesamtanteil Unternehmen)
haben einen Marktanteil von 39 Prozent.[9]

1.2 Wertschöpfungsprozess der Filmwirtschaft

Nachfolgend werden die Prozesse der Entstehung, Herstellung
und Vermarktung von Film-, TV- und Videoproduktionen in sieben
Stufen der Wertschöpfung gegliedert:

---

7 Bundesministerium für Wirtschaft und Technologie (2011), Internet
8 Vgl. ebd.
9 Vgl. ebd.

Stufe 1: Initiierung	Stufe 2: Beschaffung	Stufe 3: Herstellung	Stufe 4: Packaging	Stufe 5: Vervielfältigung	Stufe 6: Distribution	Stufe 7: Verwendung
Initiierung von Content	Generierung von Content			Vertrieb und Vermarktung von Content		Nutzung von Content

Tab. 1: Wertschöpfungskette von Film- und Fernsehproduktionen[10]

In der ersten Stufe initiiert ein Auftraggeber die „Auslösung des Wertschöpfungsprozesses"[11]. Im Bereich der Bewegtbildproduktion handelt es sich nicht nur um Rundfunkunternehmen, sondern auch Wirtschaftsunternehmen, Öffentliche Institutionen und zunehmend auch Einzelpersonen, die „über Weblogs, private Websites oder in Videoportalen"[12] Beiträge publizieren.[13]

Auf den Stufen 2, 3 und 4 findet die Generierung von Content durch Eigen- oder Fremdproduktionen statt. In Stufe 2 wird fertiger Content aus eigenen oder fremden Archiven beschafft. Dies beinhaltet verschiedene Rechte und den Tausch von Programmmaterial. Stufe 3 schließt den Großteil der Phasen einer Film- und Videoproduktion ein. Sie beinhaltet die Pre-Production, Production und Post-Production. In Stufe 4 wird der erstellte Content zu vermarktungsfähigen Produkten gebündelt. [14] Hierbei unterscheidet man zwischen vier Produktwelten:[15]

Produktwelt	Vorgang
Journalistisches Programm	Programmplanung der Redaktionen
Werbung	Platzierung im Programm mit möglichst hohem Effekt
Programmverwertung	Lizensierung und Rechteverwertung
Sonstige Produkte	Merchandising, Verkauf von Dienstleistungen

Tab. 2: Produktwelten bei Film- und Fernsehproduktionen[16]

---

[10] Eigene Darstellung
[11] Gläser (2010), S. 349
[12] Ebd., S. 349
[13] Vgl. ebd., S. 349
[14] Vgl. ebd., S. 73 ff
[15] Vgl. ebd., S. 350
[16] Eigene Darstellung

Die Stufen 5 und 6 beschäftigen sich mit dem Vertrieb und der Vermarktung des Contents. Auf der 5. Stufe wird der Content in der Anzahl und Form vervielfältigt, in der er am Markt benötigt wird. Die Kosten hierfür sind im Vergleich zur Herstellung des Contents eher gering. Auf Stufe 6 wird der Content vertrieben. Hierbei muss zwischen der technischen Distribution (Bereitstellung des Contents mittels Technik, wie bspw. Satelliten und Kabelnetzen) und der ökonomischen Distribution (wirtschaftliche Absatz- und Vertriebskanäle) unterschieden werden. Letzteres findet i. d. R. über Betreiber von Terrestrik, Kabelnetzen, Satelliten und Internet-Provider statt oder auch über Filmverleiher, Videotheken, Media- und PR-Agenturen und Messeveranstalter.[17]

Auf Stufe 7 findet die Nutzung des Contents zum einen durch Endkonsumenten, wie Zuschauer und User, zum anderen durch Organisationen statt. Bei diesen ist zu unterscheiden, ob es sich um interne Zwecke (Beispiel: Mitarbeiter-Kommunikation) oder externe Zwecke (Beispiel: Marketing) handelt.[18]

1.3 Projektorganisation von Filmproduktionen

In der Literatur finden sich unterschiedliche Phasenkonzepte, die sich mit dem Herstellungsprozess von Filmproduktionen beschäftigen. Meistens wird die Herstellung einer Filmproduktion in vier Phasen gegliedert: Pre-Production, Production, Post-Production und Verwertung/Distribution.[19] Auf Grund ihrer Merkmale können Filmproduktionen jedoch grundsätzlich als Projekt behandelt werden, welche nach der DIN 69 901-Norm als „ein Vorhaben, das im Wesentlichen durch die Einmaligkeit seiner Bedingungen in ihrer Gesamtheit gekennzeichnet ist"[20], definiert sind. Gläser fasst die wesentlichen Charakteristika eines Projektes wie folgt zusammen:

---

[17] Vgl. Gläser (2010), S. 74
[18] Vgl. ebd., S. 74
[19] Vgl. Wendling (2008), S. 12 ff
[20] Casutt (2005), S. 8

8

Komplexität, Neuartigkeit, Umfang, Schwierigkeitsgrad, Bedeutung, Anzahl der Beteiligten, Risiko, Interdisziplinärer Charakter
der Aufgabenstellung und Internationalität.[21] Je nach Grad der
Ausprägung sind die Projekte mehr oder weniger komplex und
erfordern ein dementsprechend angepasstes Instrumentarium.[22]

Filmproduktionen weisen einen sehr hohen Grad an Komplexität
auf. Im Vergleich zu Projekten aus anderen Branchen besitzen sie
außerdem Besonderheiten, die sich zusätzlich auf das Projektmanagement auswirken. So zum Beispiel die hohen First-Copy-Costs
oder die Eigenschaft der Immaterialität.[23] Letztendlich steht „der
Prozess der kreativen Entwicklung von Inhalten"[24] im Fokus.

Um eine übersichtliche Struktur bei der Filmproduktion zu schaffen
und so das Gelingen sicherzustellen, darf es also an ausreichendem Projektmanagement nicht mangeln, welches laut der DIN 69
901-Norm als „die Gesamtheit von Führungsaufgaben, -
organisation, -techniken und –mitteln für die Abwicklung eines
Projektes"[25] beschrieben wird. Gläser schlägt hierfür sechs Phasen des Projektmanagements vor, die in den nachfolgenden Kapi-
teln beschrieben werden sollen.

Stufe 1	Stufe 2	Stufe 3	Stufe 4	Stufe 5	Stufe 6
Projekt-Entstehung	Projekt-Definition	Projekt-Start	Projekt-Planung	Projekt-Durchführung	Projekt-Abschluss
Pre-Production				Production	Post-Production Verwertung/Distribution

Tab. 3: Phasenmodell des Projektmanagement[26]

---

[21] Vgl. Gläser (2008), S. 1002
[22] Vgl. Schelle (2007), S. 43
[23] Vgl. Gläser (2006), S. 584
[24] Ebd., S. 585
[25] Schelle u. a. (2005), S. 30
[26] Eigene Darstellung

1.3.1 Projekt-Entstehung

Bestandteil der ersten Phase ist vor allem die Filmidee[27]. Durch interne oder externe Auftraggeber wird das Projekt ausgelöst. Wenn bspw. ein Rundfunksender einer Filmproduktionsgesellschaft den Auftrag für einen Fernsehfilm erteilt, handelt es sich um eine Fremdproduktion. Ebenso können die Aufträge über Ausschreibungen vergeben werden, was sehr typisch für den Werbe- und Kommunikationsbereich ist. Kommt der Auftrag aus den eigenen Reihen, handelt es sich um eine Eigenproduktion.[28]

Die vorangegangene Idee wird mittels Exposé und Treatment präzisiert. Das Exposé ist eine kurze Darstellung der Idee. Es umfasst i. d. R. nicht mehr als 2 bis 3 Seiten. Bereits hier werden räumliche und zeitliche Positionierungen der Handlung und die Akteure deutlich. Somit kann bereits ein grober zeitlicher und finanzieller Aufwand eingeschätzt werden. Das Treatment konkretisiert die Idee in ca. 20 bis 40 Seiten und stellt sie so detailliert vor, dass man den Film bereits vor seinem inneren Auge sehen kann.[29]

Ein weiterer wichtiger Punkt ist, zu klären, wer das Projekt realisieren soll, sofern die Idee nicht bereits von einem Produzenten stammt. Nicht jeder Produzent bringt automatisch die Fähigkeiten mit sich, komplizierte innovative Filmprojekte mit hohem technischen Einsatz in der Produktion und Nachbearbeitung zu managen. Hier spielen vor allem Erfahrungswerte und bisherige geschäftliche Beziehungen aus der Vergangenheit eine entscheidende Rolle bei der Auswahl des Realisators.[30]

Die Entstehungsphase schließt mit der Entscheidung der Weiterverfolgung der Projekt-Idee ab.[31] Im Falle eines Fernsehfilms nimmt der Sender das Projekt in die Produktionsplanung auf, wo

---

[27] Vgl. Schütte (2002), S. 174
[28] Vgl. Gläser (2010), S. 887 f
[29] Vgl. Clevé (2004), S. 14 f
[30] Vgl. Gläser (2010), S. 889
[31] Vgl. ebd., S. 887

Budget, Länge, Genre und Sendeplatz festgelegt werden. Zudem wird eine Produktionsnummer zugeordnet.[32] Im Falle einer Kinofilm-Produktion ist die Entwicklung eines Drehbuches der nächste Schritt.[33]

1.3.2 Projekt-Definition

In der zweiten Projekt-Phase findet die konkrete Definition statt. Es werden verschiedene Ziele festgelegt: Sachziele die vorgeben, was mit der Filmproduktion erreicht werden soll, wie bspw. ein hoher Lernerfolg bei Mitarbeitern, und Formalziele, die die Frage beantworten, wie die zuvor definierten Sachziele erreicht werden sollen. Entscheidende Zielgrößen bei den Formalzielen sind Kosten, Termin und Qualität, die in gegenseitiger Wechselwirkung zueinander stehen. Das Projektmanagement hat hier zur Aufgabe bei den Leistungen ein optimales Verhältnis zu erreichen, da diese Teilziele oft in Zielkonflikt stehen. So fallen bspw. höhere Kosten an und die Qualität sinkt, wenn die Produktion wegen eines Termins beschleunigt werden muss.

Außerdem wird analysiert, welche Probleme der Produktion im Wege stehen. Um Durchführbarkeit und Wirtschaftlichkeit des Projektes zu prüfen, sollte eine Evaluierung der Projekt-Idee vorgenommen werden. Betrachtet werden hier besonders technische, wirtschaftliche und rechtliche Aspekte.[34]

Beendet wird die Phase mit der Festlegung eines Projekt-Rahmens, in diesem Fall das Drehbuch. Es beinhaltet alle wichtigen Aspekte: Technik, Inhalt, Gestaltung, Produktion, Wirtschaft,

---

[32] Vgl. Sehr (1998), S. 17
[33] Vgl. Clevé (2004), S. 14
[34] Vgl. Gläser (2010), S. 892

zeitlichen Ablauf. Es ist quasi „der Bauplan für den Film"[35]. Sobald das endgültige Drehbuch steht, wird die Start-Freigabe erteilt.[36]

1.3.3 Projekt-Start

Zu Beginn des Projekt-Starts macht man sich die Ausgangslage bewusst. Besonders hohen Stellewert hat hierbei die Regelung der Finanzierung. Im Falle einer Fernsehfilm-Produktion werden die Gelder i. d. R. vom Auftrag gebenden Sender bereitgestellt.[37] Bei Kinofilmen ist insbesondere in Deutschland eine Produktion meist nur über Förderungen möglich, an die unterschiedliche Erfüllungsansprüche geknüpft sind, wie bspw. der sog. Ländereffekt.[38]

Weiterhin ist muss das Zusammenspiel der wichtigsten Akteure geregelt werden. Dies umfasst Auftraggeber, Zielgruppe, Produktionsfirma, Filmförderer, Agentur und externe Dienstleister[39], insbesondere aber Auftragnehmer und -geber. Dabei spielen das Briefing und die Vertragsgestaltung eine besonders wichtige Rolle. Hierbei stellt sich die Frage nach dem gesellschaftsrechtlichen Rahmen. Meistens handelt es sich hierbei um eine GmbH oder GmbH & Co. KG, um die Haftung auf das eingesetzte Kapital zu beschränken.[40] Der Prozess der Rahmen- und Einzelvertragsschließung ist oft sehr langwierig und erfolgt in mehreren Stufen. Hierunter fallen (Ko-)Autoren- und Drehbuchverträge, (Ko-)Produktionsvertrag, Finanzierungsverträge und Verträge für Darsteller, Komponisten, Geräteverleih u. v. m.[41] Ein weiterer wichtiger Aspekt ist die Klärung von Urheberrechten und die Frage nach dem Copyright. Dies betrifft Musik- als auch Bildmaterial. Es kön-

---

[35] Worthington (2009), S. 106
[36] Vgl. Gläser (2010), S 892 f
[37] Vgl. Sehr (1998), S. 20
[38] Vgl. Gläser (2006), S. 586
[39] Vgl. Schellmann u. a. (2008), S. 524
[40] Vgl. ebd., S. 527
[41] Vgl. Clevè (2004), S. 159 ff

nen sehr hohe Kosten entstehen, wenn vor Beginn des Projektes die entsprechenden Lizenzen und Genehmigungen verhandelt sind. Oft können nur Nutzungsrechte ersteigert werden.[42] Auch mit der Produktion verbundene Risiken müssen über eine Reihe von Versicherungen abgedeckt werden.[43]

Auch die organisatorischen Vorkehrungen, wie bspw. die Zusammenstellung eines Teams, werden in dieser Phase getroffen. Um Filmförderer, Presse und Verwerter bereits im Vorfeld für sich zu gewinnen, sollte eine ansprechende Konstellation entstehen. Hierbei muss man sich Gedanken zu Größe, Aufgabenverteilung, Attraktivität und vor allem notwendigen Fachkompetenzen machen. Bei Filmprojekten ist es typisch, dass mehrheitlich freie Mitarbeiter zum Einsatz kommen.[44]

1.3.4 Projekt-Planung

In dieser Phase wird die Projektrealisation geplant. Im klassischen Projektmanagement wird in dieser Phase die Planung mit Hilfe von Lastenheften und eines Projektstrukturplans erstellt.[45] Diese Instrumente kommen bei Filmproduktionen üblicherweise jedoch nicht zum Einsatz. Das Projekt wird anhand eines Drehplans anschaulich gemacht. Diese Aufgabe betrifft hauptsächlich den Produzenten und die Regie, die in Absprache mit dem Produktionsstab und dem Technischen Stab anhand des Drehbuches oft mit Hilfe von spezieller Software den weiteren Verlauf des Projektes planen. Er enthält Arbeitszeiten, Kameraarbeit und Lichtsetzung, die optimale Drehfolge u. v. m. Ziel ist es, die Produktion so effizient und ökonomisch wie möglich zu gestalten, gleichzeitig aber Platz zu lassen für unvorhergesehene Ereignisse. Der Drehplan bildet nicht nur die Grundlage für die Kalkulation und das Kosten-

---

42 Vgl. Worthington (2009), S. 40
43 Vgl. VDW (1999), S. 77 f
44 Vgl. Clevè (2004), S. 19
45 Vgl. Gläser (2010), S. 898 ff

management sondern auch für Planungen der anderen beteiligten Fachstellen.[46]

Die Gestaltung von Drehfolgen und Dispositionen dient dem einheitlichen Informations- und Kommunikationsfluss. Die Drehfolge basiert auf dem Drehplan und unterteilt die Produktion detailliert in Wochenabschnitte auf. Dispositionen enthalten darauf aufbauend umfassende Informationen zu den einzelnen Aufgaben und Drehs eines Tages.[47]

Üblicherweise bildet das sog. Pre-Production-Meeting als ein besonders wichtiger Meilenstein, in dem alle Vorgänge der Pre-Production-Phase noch mal von Grund auf geprüft werden, den Abschluss dieser Phase.[48]

1.3.5 Projekt-Durchführung

Je besser die Vorarbeit des Projektes war, desto störungsfreier läuft die Produktion letztendlich ab. Solch eine Produktion kann einige Tage, Wochen, Monate oder sogar Jahre dauern. [49] Von besonders großer Bedeutung ist das Projekt-Controlling in dieser Zeit. Der Produzent hat zur Hauptaufgabe, darauf zu achten, dass die finanziellen Mittel sinnvoll und sparsam eingesetzt werden. Zudem sollten Abweichungen vom Plan so weit wie möglich vermieden werden. Hierfür gibt es eine Reihe von Kontrollinstrumenten, wie bspw. Szenenberichte, Cutter-Berichte, Zeitablaufberichte u. v. m. Diese Berichte dienen zudem auch der Abrechnung und der Fertigungskontrolle.[50] Die Phase endet mit der endgültigen Abnahme des Projektes.[51]

---

46 Vgl. Wendling (2008), S. 56 ff
47 Vgl. ebd., S. 34 f
48 Vgl. Gläser (2010), S. 901 f
49 Vgl. Worthington (2009), S. 25
50 Vgl. Nowka (1983), S. 248
51 Vgl. Gläser (2010), S. 887

1.3.6 Projekt-Abschluss

Diese Phase beinhaltet alle Schritte der Post-Production, bei der alle Schritte der abschließenden und endgültigen Filmproduktion von statten laufen.[52] Hier wird das filmische Rohmaterial nachbearbeitet. Auch hier muss der Produzent dafür sorgen, dass das Budget nicht überschritten wird. In diesem Schritt kann es bei einer schlechten vorhergegangenen Planung der Produktion durchaus sein, dass einzelne Szenen nachgedreht werden müssen. Besonders viel Zeit muss auch aufgewendet werden, wenn zu viel Bildmaterial vorhanden ist, d. h. die Vorauswahl beim Dreh selbst vernachlässigt wurde.

Weiterhin erhält der Film also seinen letzten Schliff und wird Vertont. Hier kann bereits vorhandene Musik verwendet werden, wie es bei Magazinbeiträgen oft der Fall ist, oder es wird ein eigener Soundtrack komponiert. Zudem werden Geräuscheffekte eingesetzt. Wird die Produktion ins Ausland verkauft muss der Film in den meisten Fällen auch synchronisiert werden.[53]

Danach folgt die Verwertungs- und Distributionsphase, in der das Medienprodukt verteilt wird.[54] Sender stellen in den meisten Fällen spezielle technische Anforderungen. Sind diese nicht erfüllt, können sie das Produkt auch ablehnen.[55] Bei Kinofilmen folgt der Prozess des Windowing.[56] Für weitere Marketingzwecke werden verschiedene Materialien zur Verfügung gestellt. Hierunter fallen neben Fotos und Kurzbiografien der Darsteller auch vorgefertigte Trailer.[57]

---

52 Vgl. Wendling (2008), S. 12 f
53 Vgl. Worthington (2009), S. 30
54 Vgl. Wendling (2008), S. 12 f
55 Vgl. Worthington (2009), S. 30
56 Vgl. Gläser 2010, S. 903
57 Vgl. ebd. S. 30

Zuletzt erledigt das Produktionsbüro den administrativen Abschluss. Dies beinhaltet Arbeitsschritte wie Abrechnungen, Archievierung, Dokumentation und Erfahrungssicherung.[58]

1.3.7 Projekt-Kalkulation

Der Kalkulationsprozess kann nicht konkret einer speziellen Phase zugeordnet werden. Er erstreckt sich über mehrere Phasen, wobei er von Stufe zu Stufe immer präziser wird.

Die grobe Vorkalkulation dient dazu die Realisierbarkeit des Projektes zu prüfen. Es sind noch keine Detailkosten bekannt. Neben der Möglichkeit der Förderungen werden auch erste Refinanzierungsmöglichkeiten abgeglichen. Man unterscheidet je nach Zeitpunkt der Erstellung zwischen Vorkalkulation im Frühstadium und der Vorkalkulation als Angebotskalkulation. Auf Basis der Angebotskalkulation wird bei der Entscheidung, die Film-Idee zu realisieren, der Festpreis vereinbart. Diese Kalkulation kann erst erstellt werden, sobald eine möglichst abgenommene Regiefassung des Drehbuches und daraus erstellte Drehbuchauszüge und der Drehplan vorliegen.[59]

Man unterscheidet grundsätzlich zwischen den Kostenbereichen „Above-the-Line" und"Below-the-line":

> „Die Above-the-Line-Kosten beziehen sich auf das Drehbuch und die Rechte, den Produzenten, den Regisseur und die Besetzung. Sie werden üblicherweise mit einer vereinbarten Pauschale beglichen."[60]

---

58 Gläser 2010, S. 903
59 Vgl. Wendling 2008, S. 93 ff
60 Ebd. S. 54

„Die Below-the-line-Kosten beinhalten alle Ausgaben für die technische Realisierung des Films. Sie werden üblicherweise wöchentlich oder täglich abgerechnet."[61]

Die Kosten für Film- und Fernsehproduktion werden mit summarischen Zuschlagskalkulationen berechnet, d. h. Einzelkosten aus den Bereichen Vorkosten, Rechte, Gagen/Honorare, Technik, Bau, Ausstattung, Kostüm, Requisite, Material/verbrauch, Versicherungen und allgemeine Kosten werden zusammengefasst und addiert. Je nachdem, ob es sich um Fernsehfilm- oder Kinofilm-Produktionen handelt, werden bei der detaillierten Vorkalkulation unterschiedliche Vorlagen und Formulare verwendet.[62]

Die Mitlaufende Kalkulation ist Aufgabe des Projektleiters. Sie ist für die Kontrolle und Steuerung des Projektes bedeutend. Zwischenkalkulationen helfen dem Produzenten dabei den Projektfortschritt objektiv einzuschätzen. Er muss die bereits entstandenen und noch anfallenden Kosten abwägen und anhand eines Soll-Ist-Vergleichs die Plankosten abgleichen.[63]

Nach dem Projektabschluss erfolgt im Optimalfall die Abweichungsanalyse, welche Aufschluss über zur Differenz der geplanten und tatsächlichen Kosten liefert. Sie beinhaltet einen besonders großen Erfahrungsschatz, wird jedoch viel zu selten in ausreichendem Umfang durchgeführt.[64]

---

61 Vgl. Wendling (2008), S. 54
62 Vgl. ebd., S. 94 ff
63 Vgl. ebd., S. 98
64 Vgl. ebd., S. 99

1.4 [Unternehmen_1] GmbH

1.4.1 Einordnung in die Branche

[Unternehmen_1] verbindet Medienkommunikation und Architekturdesign zu integrierten Inszenierungen. Als Spezialisten für multidimensionale Themenvermittlung unterstützen sie Industrie, Institutionen und Agenturen in Entwicklung und Umsetzung innovativer Konzepte in allen Bereichen des erlebnisorientierten Kundendialogs.[65]

Ihr Service umfasst damit Event- und Medienkonzeptionen und -produktionen, bei denen bspw. mediale und inhaltliche Konzeptionen von formatübergreifenden Einspielern, Produktclips und Bühnenbespielungen realisiert werden. Weiterhin werden Animation, Motiondesign. Multiscreen-Produktionen angeboten. Für Shows und Inszenierungen werden Showkonzepte ausgearbeitet und die Regie, das Künstlercasting und Choreografie, Musikkomposition und –produktion übernommen. Zudem werden für Film- und Postproduktionen, wie bspw. Trailer, Image- und Unternehmensfilme, Musikvideos, Dokumentationen und Spots, Storyboards und Treatments angefertigt und alle Schritte vom Dreh über den Schnitt bis hin zur Vertonung begleitet. Weiterhin bietet [Unternehmen_1] Audioproduktionen und Musikkompositionen an, die im eigenen Musikstudio realisiert werden. Hierunter fallen bspw. Filmmusik, Eventthemen, Corporate Music, Sound Design, Radiospots, Sprach-, Gesangs- und Instrumentalaufnahmen.[66]

Wie man also anhand des Angebotes sieht, kann [Unternehmen_1] nicht einem bestimmten Segment der Kultur- und Kreativwirtschaft zugeordnet werden. Die GmbH bewegt sich grenzüberschreitend in den folgenden Teilmärkten: Architekturmarkt, Designwirtschaft, Filmwirtschaft, Musikwirtschaft und Werbemarkt.

---

65 Vgl. [Unternehmen_1] GmbH (2011), Internet
66 Vgl. ebd.

1.4.2 Die Kooperation von [Unternehmen_1]

Hinter dem Namen [Unternehmen_1] stecken zwei rechtlich selbständige Unternehmungen. Zum einen schließt das die [Unternehmen_1] GmbH, zum anderen das [Unternehmen_1] Architekturdesign ein. Ziel dieser Kooperation ist es, im Bedarfsfall das Beste aus beiden Welten zu vereinen. Da ich mein Praktikum im Medienbüro absolvierte, werde ich in dieser Arbeit nicht weiter auf das Architekturbüro eingehen.

1.4.3 Unternehmensstruktur

Das Team besteht aus vier festen Mitarbeitern: [Betreuer_U1], Managing Partner und Geschäftsführer. [Mitarbeiter-1_U1], Projektmanager. [Mitarbeiter-2_U1], Director. [Mitarbeiter-3_U1], Sounddesigner. Zur Unterstützung werden regelmäßig Praktikanten eingestellt. Um die ganze Bandbreite der angebotenen Dienstleistungen abdecken zu können, verfügt [Unternehmen_1] über ein großes Netzwerk aus Agenturen und freien Mitarbeitern, auf die häufig zurückgegriffen wird. Aufgrund der geringen Größe der Unternehmung gibt es keine Aufteilung in Abteilungen, sondern lediglich Zuständigkeitsbereiche unter den Beschäftigten. Die Buchhaltung ist grundsätzlich ausgelagert.

1.5   [Unternehmen_2] GmbH

1.5.1 Einordnung in die Branche

Die [Unternehmen_2] GmbH ist ein Film- und Fernsehproduktionsunternehmen mit Sitz in [Stadt_1]. Sie ist mit ihrem Portfolio, welches im Folgenden noch näher erläutert wird Teil der in der Kultur- und Kreativbranche angesiedelten Filmwirtschaft. In die-

sem Umfeld wird Sie als Film-, Fernsehfilm-, Video und allgemei-
ner AV-Produzent dem Bereich Film-/TV und Videoherstellung
zugeordnet. In der Kultur- und Kreativwirtschaft wird die Film-/TV-
und Videoherstellung wie folgt definiert:

> „Die Film- und Videoherstellung umfasst die Herstellung von Spiel-
> , Dokumentar-, Kurz- und Trickfilmen und anderen Kinofilmen zur
> Erstauswertung in Filmtheatern bzw. in Fernsehsendungen, die
> der Unterhaltung, Bildung und Ausbildung dienen. Ausgenommen
> sind hiervon Hersteller, die selbst Hörfunk- oder Fernsehveranstal-
> ter sind. Außerdem gehört zu diesem Bereich die Herstellung von
> Industrie-, Wirtschafts- und Werbefilmen."[67]

Nach der Beschäftigtenzahl der [Unternehmen_2] GmbH mit aktuell 7 festen und ca. 40 freien Mitarbeitern, wird die Unternehmung
den kleinen Unternehmen zugeordnet.[68]

Der Firmensitz befindet sich mit [Stadt_1] im Bundesland mit dem
höchsten Aufkommen an Medienunternehmen deutschlandweit.
Hier arbeiteten bis 2008 in über beinahe 23.000 Unternehmen der
Kultur- und Kreativwirtschaft rund 160.000 Menschen. Jährlich
werden damit in [Stadt_1] rund 17,5 Milliarden Euro umgesetzt,
Tendenz steigend.[69] Somit besteht speziell für die [Unterneh-
men_2] GmbH eine hohe Konkurrenz im direkten, wie im regiona-
len Umfeld. Dennoch hat sie eine relativ gute Position am Markt,
welche sie letztendlich der Zugehörigkeit zur [Unternehmen_2]
Gruppe zu verdanken hat.

---

67 Von Thadden (2001), S. 35
68 Vgl. Gläser (2010), S. 77
69 Vgl. Senatsverwaltung für Wirtschaft, Technologie und Frauen (Hrsg.) (2008), S. 172 ff

1.5.2 Die [UNTERNEHMEN_2] Gruppe

Die [Unternehmen_2] Gruppe ist ein Zusammenschluss von insgesamt sechs GmbHs in Deutschland und einer AG im Ausland. Der größte Teil der [Unternehmen_2] Gruppe sitzt in [Stadt_2] mit Zweigstellen in [Stadt_3] und [Stadt_4], wobei der Standort [Stadt_4] aus der dortigen Betreuung eines Kunden-Studios resultiert.[70]

Die [Unternehmen_2-Hauptsitz] GmbH wurde 1986 von [Unternehmen_2-Gründer] gegründet, dem heutigen Geschäftsführer der [Unternehmen_2-Hauptsitz] und aller weiterer Unternehmen der [Unternehmen_2] Gruppe.

Die [Unternehmen_2-Hauptsitz] ist neben der eigenen Geschäftstätigkeit in der Film- und TV-Produktion und der Vermittlung von EB-Teams für Fernsehsender auch die Schnittstelle und das Verwaltungsorgan für alle anderen angeschlossenen Unternehmen[71].

Mit den Geschäftsführern [Unternehmen_2-Geschäftsführer_1] und [Unternehmen_2-Gründer] ist die [Unternehmen_2-Tochter_1] GmbH ist für den Bereich der Videoproduktion für Unternehmen aus Gewerbe, Industrie und Dienstleistungen zuständig. Auch Produktionen für öffentliche Institutionen sind hier angesiedelt.[72]

Die [Unternehmen_2-Tochter_2] GmbH bündelt den Geschäftszweig der Postproduktion im [Stadt_2] Westen. Hier finden sowohl interne Postproduktionen, als auch Vermietungen von Schnittstudios an Externe statt. Die Geschäftsführung obliegt neben [Unternehmen_2-Gründer], [Unternehmen_2-Geschäftsführer_2] und [Unternehmen_2-Geschäftsführer_3]. Die beiden Geschäftsführer [Unternehmen_2-Geschäftsführer_2] und [Unternehmen_2-Geschäftsführer_3] haben ihre Ausbildung bei [Unternehmen_2-

---

70 Vgl. [Unternehmen_2-Hauptsitz] (2011), Internet
71 Vgl. ebd.
72 Vgl. ebd.

Hauptsitz] (damals noch AG) absolviert und sich nach einigen Jahren dort selbstständig gemacht. Der Unternehmensstandort ist das Aushängeschild des Unternehmens. Hier werden bspw. Kunden und Interessenten getroffen und die Räumlichkeiten stehen auch für die Unternehmensveranstaltungen zur Verfügung.[73]

Auch die Redaktion und Autorentätigkeit wird bei der [Unternehmen_2] Gruppe in einem eigenen Unternehmen gebündelt. Die dort tätigen Angestellten sind zum einen selbstverständlich für die inhaltliche Ausarbeitung der Projekte zuständig, die über die Unternehmen der Gruppe akquiriert werden, zum anderen werden aber auch Einzelleistungen für Externe Dienstleister angeboten. All diese künstlerischen Angebote werden in der [Unternehmen_2-Tochter_3] gebündelt. Geschäftsführer sind [Unternehmen_2-Gründer] sowie [Unternehmen_2-Geschäftsführer_4].[74]

Die [Unternehmen_2-Tochter_4] ist der Hersteller von Spiel- und Dokumentarfilmen innerhalb der [Unternehmen_2] Gruppe. Der Hauptsitz des Unternehmens ist in [Stadt_2], eine weitere Außenstelle besteht in [Stadt_1], da gerade im Bereich Spielfilm in [Stadt_1] eine große Branchenrepräsentanz zu finden ist. So hat man sich aus strategischen Gründen für ein Büro in [Stadt_1] entschieden. Mit [Unternehmen_2-Geschäftsführer_5] und [Unternehmen_2-Geschäftsführer_6] sitzen zwei der drei Geschäftsführer in [Stadt_1], während sich [Unternehmen_2-Gründer] um die Projekte im südlichen Raum Deutschlands kümmert.[75]

Die Aktiengesellschaft [Unternehmen_2-Tochter_5] sitzt im Ausland. Von hier aus wird zum einen ein Standort im Drei-Länder-Eck Deutschland-Österreich-Schweiz sichergestellt, zum anderen ist hier vor allem einer der Unique Selling Proposition der [Unternehmen_2] Gruppe angesiedelt: die Produktion von hochwertigen Luftaufnahmen mit der Cineflex-Kamera, einer kreisstabilisierten

---

73 Vgl. [Unternehmen_2-Hauptsitz] (2011), Internet
74 Vgl. ebd.
75 Vgl. ebd.

Kamera, die ein wackelfreies Bild auch mit hoher Brennweite realisiert. Außerdem finden alle Flüge mit dem eigenen Helikopter hier ihren Anfang. Ein guter Platz in Zentraleuropa.[76]

Die [Unternehmen_2] GmbH besteht in ihrer heutigen Rechtsform erst seit Mai 2010. Zuvor war sie lediglich eine Zweigstelle der damaligen [Unternehmen_2-Hauptsitz] AG. Die Geschäftsführung obliegt [Betreuer_U2], die ebenfalls zuvor bei [Unternehmen_2] ihre Ausbildung zur Kamerafrau absolvierte, und [Unternehmen_2-Gründer]. Das Hauptgeschäft der GmbH liegt zurzeit in der Bereitstellung von EB-Teams für vorwiegend rechtlich-öffentliche Sender. In Zukunft sollen aber weitere Dienstleistungen rund um die Produktion von Fernsehbeiträgen angeboten werden.

Somit ist die [Unternehmen_2] Gruppe sehr breit aufgestellt. Mit diesem Effekt bewirbt sich jedes einzelne Unternehmen auch nach außen, sei es Online oder in der Imagebroschüre. So heißt es dort:

„Die [UNTERNEHMEN_2] Gruppe ist eine der größten Fernseh- und Filmproduktionen in [Bundesland_1] und bietet Ihnen eine gebündelte Kompetenz, die in Deutschland unvergleichlich ist. Mit Spezialisten aus den Bereichen Fernsehen, Spielfilm, Industriefilm und Postproduktion unterstützen wir Sie in allen Bereichen der professionellen Filmproduktion. Vom ersten Briefing bis zur Postproduktion Ihres Films profitieren Sie von unserer Manpower, Ausstattung und Kompetenz – mit eigenen Autoren, Redakteuren und Regisseuren. Mit Know-how zu Zielgruppen, Kreativität, Distribution und Interaktion. Viele Spezialisten, ein Ansprechpartner."[77]

Bei allen Unternehmen der Gruppe werden Kunden größtenteils direkt über die [Unternehmen_2-Hauptsitz] GmbH akquiriert, während die Unternehmen auch als direkte Ansprechpartner zur Ver-

---

76 Vgl. [Unternehmen_2-Hauptsitz] (2011), Internet
77 Ebd.

23

fügung stehen. Dennoch ist natürlich jedes der einzelnen Unternehmen auch bemüht selbst Kunden zu akquirieren.

Im Folgenden Abschnitt wird nun zentral der Geschäftsbereich der [Unternehmen_2] GmbH thematisiert, in der auch das Praktikum absolviert wurde.

1.5.3 Unternehmensstruktur

Das Team besteht aktuell aus zwei festen Mitarbeitern: [Betreuer_U2], Geschäftsführerin und Kamerafrau, und [Mitarbeiter1_U2], Produktionsleiter, Ausbilder und Tonassistent. Weiterhin werden zurzeit eine Film- und Videoeditorin und ein Mediengestalter Bild/Ton ausgebildet. Zur weiteren Unterstützung werden regelmäßig Praktikanten eingestellt. Diese erhalten einen befristeten Vertrag über 1 Jahr mit der Chance im Anschluss in eine Ausbildung zum Mediengestalter Bild/Tin übernommen zu werden. Die Disposition und Assistenz der Geschäftsführung wurde nach mir ebenfalls von einer Praktikantin übernommen, mit Chance auf eine Festanstellung. Um möglichst alle angefragten Drehs entgegennehmen zu können, verfügt die AV Medien außerdem über ein großes Netzwerk an freien Kameraleuten, Assistenten und Cuttern.

Auf Grund der geringen Größe des Unternehmens gibt es keine Unterteilung in Abteilungen, wie bspw. Marketing. Es wird lediglich zwischen technischen und Büromitarbeitern unterschieden, welche jeweils alle Aufgaben aus dem jeweiligen Bereich erfüllen. Nur die Buchhaltung ist ausgelagert.

Für die EB-Dienstleistungen stehen verschiedene Kameras und Tontechnik zur Verfügung, welche zum größten Teil allerdings eigentlich der [Unternehmen_2-Hauptsitz] GmbH gehört. Sie wird der [Unternehmen_2] GmbH gegen eine monatliche Miete zur Verfügung gestellt. Zudem besitzt die [Unternehmen_2] seit geraumer Zeit einen eigenen Schnittplatz, der zum einen für eigene Produktionen verwendet wird, zum anderen vermietet wird.

Das in der Arbeit thematisierte Praktikum ist in der Disposition und Assistenz der Geschäftsführung angesiedelt.

1.5.4 Produktionsabläufe bei [Unternehmen_2]

Wie bereits oben erwähnt besteht das Hauptgeschäft der [Unternehmen_2] GmbH in [Stadt_1] aus EB-Dienstleistungen für rechtlich-öffentliche Sender, aber auch Sendungen für private Sender. In unregelmäßigen Abständen erhält die [Unternehmen_2] GmbH auch Aufträge von anderen Agenturen, Privatkunden oder auch über [Unternehmen_2-Hauptsitz].

Die Kundenakquise und Betreuung finden je nach Kundenansiedlung bei [Unternehmen_2] in [Stadt_1] oder in [Stadt_2] statt. Die Disposition und die Geschäftsleitung kümmern sich um direkte Kontakte und Ausschreibungen von Sendern und Bundesministerien. Somit ist die Kernkompetenz des Unternehmens auf den Stufen 2 bis 5 im Wertschöpfungsprozess anzusiedeln.

Je nach Auftrag werden alle oder nur einzelne Phasen der Videoproduktion begleitet. Auf Anfrage werden in der sog. Pre-Production-Phase Angebote erstellt. Ist ein redaktionelles Konzept gefordert, wird dies zum Teil vor, zum Teil aber auch erst nach Abgabe eines Angebots abgegeben. Die Konzepte können im eigenen Haus produziert werden, bei [Unternehmen_2-Hauptsitz] und [Unternehmen_2-Tochter_3] oder werden auch oft bereits vom Kunden vorgelegt. Sofern das Konzept von [Unternehmen_2] kommt, werden Konzeptpräsentationen meist in enger Zusammenarbeit mit der Redaktion durch die Marketingleitung von [Unternehmen_2-Hauptsitz] übernommen. Wird ein Konzept vollständig abgenommen so wird die Produktionsplanung angestoßen. Es werden genaue Drehpläne in Absprache dem Kunden und der Disposition erarbeitet und es wird dementsprechend auch das technische Team disponiert.

In der Produktionsphase dreht die technische Abteilung dann vor Ort gemäß den Angaben der Disposition und der Redaktion. Die entsprechenden Anforderungen wurden dann je nach Auftragsgröße von der eigenen oder einer fremden Redaktion zusammengestellt. Das Personal und das Equipment werden jedoch in den meisten Fällen direkt von [Unternehmen_2] gestellt.

Es folgt die Postproduktionsphase, in der das gedrehte Material über die Redaktion in die Postproduktion gegeben und fertig produziert wird. Dies kann dann in den eigenen Geschäftsräumen in [Stadt_1], bei [Unternehmen_2-Hauptsitz] oder [Unternehmen_2-Tochter_2], an angemieteten Schnittplätzen oder beim Kunden selbst geschehen. Nachdem der Film/Beitrag fertig gestellt ist, werden Angebot, Auftrag und Ergebnisleistung miteinander verglichen und dementsprechend die Endabrechnung an den Kunden und folgend an die Buchhaltung weitergeleitet. Der Film, sofern er im eigenen Hause produziert wurde, wird im internen Archiv zusätzlich eingelagert.

Zum Teil folgt dann die Distribution. Dieser Teil ist jedoch stark abhängig vom Projekt. Meist werden nur die gewünschten Ausspielungen an den Kunden bzw. die Agentur gegeben.

2 Praxisteil

2.1 Bewerbungsphase und Ablauf des Praktikums

Ende Oktober 2011 gestaltete ich eine Bewerbungsvorlage mit allen relevanten Teilen, wie Deckblatt, Anschreiben, Lebenslauf und Motivationsschreiben. Währenddessen machte ich mir Gedanken darüber, welcher Tätigkeit ich nachgehen möchte. Durch die Teilnahme und Leitung bei stufe und das Mitwirken an unterschiedlichen Projekten legte ich mein Hauptaugenmerk auf das Projektmanagement im filmischen Bereich. Für das Design und die Ausformulierung nahm ich mir sehr viel Zeit.

Im November recherchierte ich dann über Kommilitonen und Online-Jobbörsen nach Adressen. Zuerst bewarb ich mich nur in [Stadt_2]. Dann freundete ich mich immer mehr mit dem Gedanken an, mein Praktikum in [Stadt_1] zu absolvieren. Dort nahm ich vom 10. bis 12.01.2011 insgesamt drei Bewerbungsgespräche wahr und erhielt von allen eine Zusage. Auf Grund der Symphatie, der angekündigten Vielfalt der Tätigkeiten und letztendlich auch des höchsten Gehalts, entschied ich mich für die [Unternehmen_1] GmbH.

Bei [Unternehmen_1] war ich vom 04. bis 30.04.11 beschäftigt. Da erst kurz vor meinem Einstieg ein paar Projekte vollendet wurden und die Bewerbungsphase für andere Projekte erst anlief, gab es in diesem Zeitraum recht wenig für mich zu tun, weshalb ich mich die meiste Zeit langweilte und im Internet surfte. Im Folgenden beschreibe ich dennoch kurz die wenigen Tätigkeiten, die mir zugeteilt wurden.

Zum 01.05.11 wechselte ich dann mit dem Einverständnis der Hochschule zur [Unternehmen_2] GmbH. Da ich hier bereits im Januar zum Bewerbungsgespräch eingeladen war, sicherte man mir die Stelle bereits telefonisch zu. Hier wurde ich im Bereich der Disposition und Allgemeinen Assistenz der Geschäftsführung eingesetzt.

2.2 Aufgaben bei der [Unternehmen_1] GmbH

Zur Zeit meines Eintritts nahm [Unternehmen_1] an einer Ausschreibung für ein deutsches Bundesministerium teil. Hier sollte ein Image-Film entstehen. Für die Bewerbung musste ein Referenznachweis mit Hilfe von InDesign erstellt werden. Da es sich nicht um die erste Ausschreibung handelte, an der [Unternehmen_1] teilnahm, gab es bereits einige Vorlagen, die minimal abgeändert werden mussten. Diese Aufgabe übernahm ich. Dort fügte ich neue Texte und Bilder ein. Einige passende Bilder musste ich erst im Internet suchen.

Weiterhin übernahm ich mit Hilfe des Programms Final Cut den Rohschnitt einer DVD für ein bekanntes Institut vor.

Für eine weitere Produktion war vorgesehen einen Moderator einzusetzen. Hier sollte ich entsprechende Modell-Agenturen anfragen, ob sie einen passenden Kandidaten vorschlagen können. Ich verfasste also eine E-Mail auf Grundlage des Briefing-Protokolls, recherchierte nach entsprechenden Agenturen in [Stadt_1] und schickte diesen die E-Mail zu. Daraufhin erhielt ich von diesen Set-Cards, die ich sammelte und später [Betreuer_U1] vorlegte.

Weiterhin veranstaltet ein Nahrungsmittelergänzungshersteller für seine Mitglieder in Deutschland jährlich eine mehrtägige Convention. [Unternehmen_1] konzipiert seit 3 Jahren die Eröffnungsshow. Für die Show 2012 machten wir uns bereits jetzt Gedanken. Es sollte einzigartig werden. Motto der Show sollte „Leichtigkeit" sein. 2011 bestand die Show aus einer überdimensional großen Animation. 2012 sollten Artisten eingesetzt werden. Meine Aufgabe war es nun, nach Schaustellern zu recherchieren, die ein einmaliges Konzept anboten.

2.3 Aufgaben bei der [Unternehmen_2] GmbH

An meinem ersten Tag bei [Unternehmen_2] wurde ich zunächst mit allen Mitarbeitern bekannt gemacht und man zeigte mir die Räumlichkeiten. Danach wurde mir erklärt, worin meine Aufgaben in den nächsten Monaten bestehen sollten. Darunter fielen Disposition, Buchhaltung, Personal, Akquise und Assistenz der Geschäftsführung. In der ersten Zeit war ich zunächst etwas auf mich selbst gestellt, da die Geschäftsführerin selbst weiterhin als Kamerafrau und der inoffizielle Vertreter, [Mitarbeiter-1_U2], als Drehassistent unterwegs waren. Diese Zeit nutzte ich ausgiebig, um mir die bestehenden Unterlagen und Ordner durchzusehen. Anhand dessen konnte ich mir viele Dinge auch selbst erklären und sah wo es Verbesserungspotenzial gab. Die ersten zwei Wochen verbrachte ich damit die Ablage ordentlich und sinnvoll zu strukturieren. Hier waren meine Kenntnisse aus meiner vorhergehenden Ausbildung als Kauffrau für Bürokommunikation von großer Hilfe.

Damit ich ein besseres Verständnis für den Ablauf eines professionellen Drehs bekomme, durfte ich gleich in der ersten Woche auf einen mitkommen. Es handelte sich um ein Interview mit einem Buch-Autor. Gedreht wurde in einem Kunsthaus, das nicht weit vom Büro entfernt liegt.

2.3.1 Disposition

Meine Hauptaufgabe während des Praktikums bestand in der Disposition aller Drehs. Den wesentlich größeren Part der Disposition umfasste aber die Organisation der Drehs. Wenn nun ein Kunde wegen der Buchung eines EB-Teams anrief, bestand meine Aufgabe darin Personal und Equipment einzuteilen.

Grundsätzlich wurde jeder Dreh angenommen. Bereits am Telefon fragte ich die wichtigsten Daten wie Uhrzeit, Thema und besondere Equipment-Anforderungen ab. Eine separate offizielle Auftragsbestätigung erfolgte dann meist schriftlich per Fax oder Email. Die hierin beschriebenen Anforderungen übertrug ich in ein Standard-Formular, für den Drehbericht (Anlage 1) des Hauptkunden gab es einen gesonderten Vordruck, auf dem der Verzicht auf das Urheberrecht vermerkt war und der Hinweis, dass bei der Rechnungstellung lediglich 7 % Mehrwertsteuer berechnet werden dürfen (Anlage 2). Danach trug ich den bevorstehenden Dreh in den Wochenplan ein (Anlage 3).

Nun teilte ich das Personal ein. Vorrang hatte hier natürlich unser festes Personal. Stand keiner der eigenen Mitarbeiter zu Verfügung musste ich freie Mitarbeiter buchen. Hierfür besteht eine Liste mit allen Kontakten, die nach der Reihe abtelefoniert werden. Hierbei muss auf die Eignung der Kameraleute geachtet werden. Manche wurden priorisiert bei rechtlich-öffentlichen Sendern eingesetzt, andere wiederum eher bei Produktionen für private Sender. Bei dieser Gelegenheit erfragte ich gleichzeitig die Einsatzmöglichkeit für die kommenden Tage und trug dies in einen Urlaubkalender für freie Mitarbeiter ein, damit ich mir Anrufe für diese Tage sparen konnte (Anlage 4).

Weiterhin teilte ich auch das angeforderte Equipment ein. Ist mehr als nur die Standard-Ausrüstung gefordert, bspw. ein Weitwinkel, Funkstrecken oder besonderes Licht, vermerke ich dies auf dem Drehbericht. Technik, die wir selbst nicht besitzen, muss ausgeliehen werden. Zum einen gibt es die Möglichkeit per Kurier Equipment aus der Geschäftsstelle in [Stadt_2] anliefern zu lassen. Dies ist nur möglich, wenn der Dreh zum einen frühestens am Folgetag ab 10 Uhr beginnt und zum anderen wenn die Technik nicht in [Stadt_2] benötigt wird. Natürlich muss sich dieser Vorgang auch aus wirtschaftlicher Sicht lohnen. Daher werden meistens lediglich Kameras oder Funkstrecken ausgetauscht. Um hierbei den Überblick zu behalten und vor allem um die Kurierkosten kontrollieren zu können, habe ich eine Techniktransferliste angelegt (Anlage 5).

Weiterhin gibt es eine Liste mit Vermietern aus der näheren Umgebung. Zum Vergleich der Preise rufe ich drei bis vier verschiedene Anbieter an und leihe dann, sofern dies zeitlich möglich ist, beim günstigsten Anbieter. Damit dieser Vorgang nicht immer wiederholt werden muss, legte ich bei dieser Gelegenheit eine Liste an. In diese nahm ich alle Verleiher auf und notierte dort die jeweiligen Preise. Auch um den Überblick über geliehene Technik zu behalten legte ich eine Checkliste an (Anlage 6).

Da [Unternehmen_2] in [Stadt_1] lediglich zwei eigene Fahrzeuge besitzt, muss bei einem dritten Dreh auch ein weiteres Auto organisiert werden. Hier gibt es drei verschiedene Möglichkeiten. Zum einen bieten freie Kameraleute oft ihr eigenes Fahrzeug an, welches dann dazu gebucht werden kann. Zum anderen bieten einige Technikverleiher Fahrzeuge an. Diese bringen oft den Vorteil mit sich, dass Ausnahmegenehmigungen vorhanden sind. Zuletzt bleibt die Anmietung über eine Autovermietung, wie bspw. Europcar oder Sixx, bei denen [Unternehmen_2] spezielle Pressekonditionen hat.

Weiterhin muss ich die Übersicht über die Technik behalten und ggf. sogar eine Einteilung vornehmen. Wenn besonders viele Drehs an einem Tag stattfinden, ist es außerdem eine Technikdispo auszufüllen (Anlage 7), die den Teams aufzeigt, was sie mitnehmen dürfen.

Wenn ein besonders kurzfristiger Dreh bevorsteht, ist es sogar notwendig, dass ich die Technik abfahrbereit zur Verfügung stelle. Dies beinhaltet das komplette Packen anhand einer Liste. Auch das Auflagemaß des Objektivs der Kamera muss mit Hilfe des Siemenssterns überprüft werden. Zuletzt muss das Fahrzeug in den Hof gestellt und das Equipment eingeladen werden.

Wenn für einen Dreh Konstellationen außerhalb der Standardvereinbarungen angefragt werden, bspw. nur ein Assistent oder nur ein Kameramann mit Auto, muss ich hierfür vorab mit der Disposition des Kunden einen Preis vereinbaren. Da ich selbst kein Gefühl für solche Preisverhandlungen hatte, erstellte ich mit der Geschäftsführung eine Liste mit Standardpreisen zu allen möglichen Konstellationen. Ich orientierte mich hierbei an bisher gestellten Rechnungen und leitete jeweils einen anzuwendenden Prozentsatz ab.

Außerdem war es meine Aufgabe Angebote für Kunden zu erstellen, die bestimmte Drehs in Aussicht stellen. Bspw. sollten insgesamt 25 Drehtage zu einer Serie stattfinden, bei denen man insgesamt 7 Funkstrecken benötigte. Hierfür braucht man einen speziellen Mischer (Anlage 8).

Für einen politisch aktiven Kunden drehten wir im 3 Wochen-Rhythmus einen Podcast. Da die Redaktion hier des Öfteren von ausschließlich freien Mitarbeitern übernommen wurde, erstellte ich zu jedem Dreh eine Disposition, die den kompletten zeitlichen Ablauf bis hin zum Schnitt und der Bereitstellung wiedergab (Anlage 9).

2.3.2 Finanzen und Buchhaltung

Sobald die Teams von einem Dreh zurück sind, erhalte ich den vollständig ausgefüllten Drehbericht, anhand dessen ich dann die entsprechende Rechnung an den Kreditor erstelle. Hierbei ist es wichtig vereinbarte Konditionen im Überblick zu behalten. Hierzu fertige ich ein Excel-Dokument an, in dem ich alle bisher verhandelten Positionen festhielt.

Mit dem Hauptkunden besteht bspw. seit gut 10 Jahren ein Rahmenvertrag. Bestandteil des Rahmenvertrags für das Jahr 2011 ist bspw. die Erweiterung des Standardequipments um ein Weitwinkel, Dedolights und eine Funkstrecke. Insgesamt müssten täglich 3 Teams 24 Stunden, 7 Tage die Woche bereitstehen.

Ein anderer Kunde buchte uns immer bei Drehs in [Stadt_1], da er selbst in einem anderen Bundesland ansässig ist. Da des Öfteren

Drehs stattfanden, lagerte er sein eigenes Equipment in den [Unternehmen_2]-Räumlichkeiten. So musste lediglich das Personal eingekauft werden. Als Gegenleistung wurde vereinbart, dass die Kamera, sofern sie nicht im Einsatz war, zu Schulungszwecken und für andere Produktionen verwendet werden durfte.

Ein anderer öffentlich-rechtlicher Sender buchte neben einem kompletten EB-Team für 5 Stunden auch immer eine halbe Schicht Schnitt mit anschließender Mischung und ATM-Schalte nach [Stadt_5], damit der Beitrag noch am selben Tag im Abendmagazin gesendet werden konnte. ATM-Antennen sind sehr teuer und aufwendig in Anschaffung, weshalb meist nur große Sender eine Antenne besitzen. Auf Grund des Zeitdrucks ließen wir den Schnitt also außer Haus machen.

Nachdem die Rechnung erstellt ist, lege ich eine Kopie für die Buchhaltung zurück und trage die wichtigsten Daten in eine Excel-Tabelle ein, die mir hilft, offene Posten im Überblick zu behalten (Anlage 10). Neben der Rechnungsnummer vermerke ich auch das Versanddatum, damit ich auf einen Blick sehe, wie lange der Kunde bereits in Verzug ist. Sobald ein Kunde eine Rechnung beglichen hat, trage ich dies ebenfalls in dieser Liste ein. So sehe ich auf einen Blick, wie viel Umsatz im jeweiligen Monat erwirtschaftet wurde und welche Posten noch offen sind.

Sobald Rechnungen per Post oder Email von Debitoren eintreffen, werden diese von mir auf ihre sachliche Richtigkeit geprüft. Hierzu muss ich zuerst abgleichen, ob die angegebene Dienstleistung oder Lieferung überhaupt stattfand. Handelt sich es sich z. B. um eine Rechnung eines freien Mitarbeiters überprüfe ich anhand der abgelegten Wochenpläne, ob dieser an dem angegebenen Tag tatsächlich für uns gearbeitet hat und ob es sich dabei um eine halbe oder ganze Schicht handelte. Handelt sich um eine Rechnung zu ausgeliehenem Equipment, überprüfe ich anhand der Kontrollliste, ob die berechneten Tage mit den tatsächlichen Drehtagen übereinstimmen usw.

Weiterhin muss der Rechnungs- und Mehrwertsteuerbetrag nach-gerechnet werden. Außerdem müssen Angaben wie Datum, Ort, Steuer- und Rechnungsnummer und die korrekte Absender- und Empfängeradresse enthalten sein. Ist dies nicht der Fall, muss dies dem Rechnungssteller mitgeteilt werden. Dieser muss dann erneut eine Rechnung ausstellen.

Nach der Prüfung werden die Rechnungen über ein Finanzpro-gramm namens StarMoney überwiesen und eine ausgedruckte Überweisungsbestätigung an das Original geheftet. Diese Doku-mente kamen dann in einen Sammelordner namens „laufende Buchhaltung" unter die Rubrik „Rechnungen überwiesen".

Ich hatte außerdem zur Aufgabe die Handkasse zu verwalten. So-bald kleinere Einkäufe getätigt werden mussten, erhielten die Mit-arbeiter von mir eine bestimmte Summe. Nach dem Einkauf be-kam ich die entsprechende Quittung und das Rückgeld zurück. Bei fehlender Quittung musste der Mitarbeiter den Betrag aus eigener Tasche bezahlen. Außerdem zahlte ich hiervon allerlei Quittungen aus, wenn ein Mitarbeiter bereits selbst etwas ausgelegt hatte. Die einzelnen Posten wurden dann nacheinander in einer monatlichen Kassenabrechnung aufgelistet (Anlage 11). Auch Kassenbons müssen bis zu 10 Jahren aufgehoben werden, da sie nach einer bestimmten aber verblassen, mussten diese kopiert und neben der Kopie auf einem DIN A 4 Blatt aufgeklebt werden.

Einmal im Monat wurde auch die Kreditkarte abgerechnet. Sobald ich die Abrechnung erhielt, glich ich ab, ob mir alle darauf aufge-führten Quittungen/Rechnungen vorliegen. Wenn eine fehlte musste ich diese nochmals bei dem entsprechenden Unterneh-men anfordern.

Das gleiche galt für EC-Zahlungen, sobald mir ein aktueller Kon-toauszug vorlag.

Wie bereits erwähnt ist die Buchhaltung ausgelagert. Dennoch nehme ich eine kleine Vorleistung bereits in [Stadt_1] vor, in dem ich die Unterlagen sortiere und Kopien mache. Fast alle Mitglieder der [Unternehmen_2] Gruppe sind beim selben Steuerberater. Dies hat den Vorteil, dass man so ganz einfach die Gesamtübersicht über die ganze Gruppe hat. Der Steuerberater sitzt allerdings in [Stadt_2]. D. h. unsere laufende Buchhaltung muss immer am Monatsanfang mit den entsprechenden Unterlagen vom Vormonat nach [Stadt_2] geschickt werden.

Es ist allseits bekannt, dass die Lebenshaltungskosten in [Stadt_2] höher sind als in [Stadt_1]. Auf diese Kosten sind natürlich auch die Kosten für den Steuerberater angepasst. [Betreuer_U2] erteilte mir also die zusätzliche Aufgabe einen Preisvergleich zu lokalen Steuerberatern zu erstellen. Aus diesem Grund sah ich mir die alten Rechnungen durch, erfasste die Leistungsfelder wie bspw. die Erstellung von Lohanabrechnungen, und die Kosten, die hierfür veranschlagt wurden. Somit hatte ich einen Messwert herausgearbeitet, mit dem andere Angebote verglichen werden konnten. Bei der Überlegung des Wechsels spielen aber abgesehen vom Preis weitere Faktoren eine wichtige Rolle. Z. B. kennt der Steuerberater die Struktur der Firma seit Jahren und hat zudem den direkten Vergleich anhand der anderen Unternehmen der Gruppe.

2.3.3 Personal

In der Zeit, in der ich da war wurden insgesamt zwei neue Praktikanten als Mediengestalter Bild und Ton, ein Auszubildender als Mediengestalter Bild und Ton, eine Auszubildende als Film- und Videoeditorin, eine Volontärin für den Bereich der Disposition eingestellt und ein Kameramann, ein Assistent und eine Volontärin gekündigt.

Bereits bevor ich kam gab es Probleme mit meiner Vorgängerin, der Volontärin im Bereich Disposition. Diese unterzeichnete Ende April 2011 ohne Wissen von [Unternehmen_2] einen Arbeitsvertrag bei einem anderen Unternehmen mit Eintritt zum 01.06.2011.

Daraufhin forderte sie den Arbeitgeber auf, sie zu kündigen. Dieser ging auf die Forderung nicht ein, woraufhin sie sich mit vorhergehender Ansage die verbleibende Zeit, sprich vom 02. Bis 27.05.11, krankschreiben ließ. Aufgrund der Umstände veranlasste [Unternehmen_2] über die zuständige Krankenkasse einen Termin mit einem unabhängigen Arzt zur Prüfung der Arbeitsunfähigkeit. Diesen Termin nahm sie jedoch stillschweigend nicht wahr.

Am 30.05.11 reichte sie persönlich eine außerordentliche Kündigung zum 30.05.11 ein. [Unternehmen_2] ließ aus Kulanz die Kündigungsfrist von 4 Wochen außer Betracht. Bestandteil der Kündigung war außerdem ein Abwicklungsvertrag, der folgende Punkte enthielt:

1. Das Arbeitsverhältnis/Volontariat endet aufgrund der außerordentlichen Kündigung der Arbeitnehmerin mit dem 30.05.2011.
2. Die Parteien sind sich einig, dass die Arbeitnehmerin für den Monat Mai 2011 kein Arbeitsentgelt mehr zusteht.
3. Die Parteien sind sich einig, dass sämtliche Urlaubsansprüche in Natura gewährt wurden.
4. Mit Abschluss dieser Vereinbarung sind sämtliche finanziellen Ansprüche zwischen den Parteien ausgeglichen.

Ich verfasste das Arbeitszeugnis mit Hilfe eines Generators im Internet. Hierzu gab mir [Betreuer_U2] entsprechende Schulnoten vor. Außerdem lernte ich, dass jeder Arbeitnehmer eine Arbeitsbescheinigung nach § 312 Drittes Buch Sozialgesetzbuch (SGB III) auszufüllen hat, jedoch nicht bei geringfügiger Beschäftigung.

Der gekündigte Kameramann musste gehen, weil es leichte Spannungen innerhalb des Teams gab. Er war bereits seit über 10 Jahren bei [Unternehmen_2], kam aber wohl mit der neuen Geschäftsführersituation nicht zurecht. Hier musste ich mit Unterstützung der Anwältin eine ordentliche Kündigung und ein angemessenes Arbeitszeugnis verfassen.

Der Assistent war über eine Verbundausbildung über das SOS Kinderdorf zu [Unternehmen_2] gekommen, war also eigentlich kein fester Mitarbeiter. Auf Grund der vielen Fehlzeiten und der Unzuverlässigkeit des Auszubildenden, löste [Unternehmen_2] den Vertrag mit SOS auf und trennte sich von dem Auszubildenden.

Für die Einstellungen wurden je ein Vertrag, Personalfragebogen, Steuerkarte, Bankverbindung, Bescheinigung der Krankenversicherung und der Sozialversicherungsausweis benötigt. Diese Unterlagen wurden dann gesammelt an die Buchhaltung in [Stadt_2] geschickt.

Die beiden Auszubildenden wurden von anderen Unternehmen übernommen. Sie stiegen bei uns also jeweils im 3. Lehrjahr ein. Dies musste der IHK gemeldet werden. Die Vorzeit wurde angerechnet. Für die Film- und Videoeditorin wurden unsere Räumlichkeiten zusätzlich geprüft, da der Ausbildungsbetrieb eigentlich nur für Mediengestalter Bild und Ton genehmigt ist. Für diesen Fall erteilte die IHK jedoch eine befristete Ausbildungserlaubnis.

Da wir weiteres Personal suchten, mitunter eine Nachfolgerin für meine Stelle, verfasste ich zwei Stellenbeschreibungen und inserierte diese auf der Plattform www.drewunited.de. Nach und nach kamen E-Mails von Bewerbern an, die ich sammelte. Zusammen mit [Betreuer_U2] wählten wir potenzielle Bewerber aus. Diese lud ich dann zu einem Gespräch ein. Den übrigen musste ich absagen.

Aufgrund der hohen Flexibilität, die in dieser Branche, insbesondere bei der Aufzeichnung von News und Reportagen, herrscht, haben Kameraleute und Assistenten keinen geregelten Wochenturnus. Manchmal kommt es vor, dass an einem Tag zwei Drehs hintereinander gemeistert werden müssen, in der nächsten Woche, tut sich wieder gar nichts. Als Festangestellter Mitarbeiter hat man aber auch seine täglichen 8 Stunden abzuleisten.

Die Erfassung der Arbeitszeit läuft über eine Excel-Tabelle mit Formeln. Die Mitarbeiter tragen ihre Zeiten per Hand auf einen vorgedruckten Stundenzettel. Ich prüfe die Zeiten anhand der Drehberichte bzw. erfasse parallel die Arbeitszeiten, soweit dies möglich ist und übertrage diese in die Tabelle. Hier kann dann jederzeit nachgeschaut werden, ob der Mitarbeiter Minus- oder Plusstunden hat. Danach richtet sich letztendlich die Einteilung zu Drehs und anderen Aufgaben. Hat ein Mitarbeiter viele Minusstunden, muss er Bereitschaftsdienst am WE machen, wofür er 3 Stunden gutgeschrieben bekommt. Hat er viele Plusstunden bekommt er sofern es die Auftragslage zulässt, Freizeitausgleich.

Für die Tage, an denen die Auszubildenden die Berufsschule besuchen müssen, bekommen sie automatisch 8 Stunden gutgeschrieben. Das gleiche gilt für Krankheitstage.

Ebenso war es meine Aufgabe den Urlaub zu erfassen, zu prüfen und mit etwaigen Krankheitstagen abzugleichen. Hierfür erstellte ich einen Urlaubskalender mit Excel. In diesem bekommt jeder Mitarbeiter eine eigene Farbe. Die Tage, an denen Urlaub genommen wurde, werden dann mit der entsprechenden Farbe markiert. Die Urlaubstage können so immer genau abgezählt werden.

2.2.4 Akquise

Um die Auftragslage etwas aufzubessern, begannen wir damit uns Gedanken zu machen, wie man an weitere Aufträge heran kommt. Eine Idee war die Produktion von Imagefilmen und Event-Dokumentationen anzubieten. Hierfür hatte die Marketing-Abteilung der [Unternehmen_2-Hauptsitz] bereits Micro-Sites, also kleine Internetpräsenzen mit Vorführvideos, angefertigt, die als Link per Mail an potenzielle Kunden verschickt werden können.

Wir arbeiteten einen Telefonleitfaden aus, der von Gespräch zu Gespräch immer mehr optimiert wurde (Anlage 12). Ich sollte mich zuerst um Rechtsanwälte in [Stadt_1] kümmern. Bei den Gelben Seiten suchte ich mir Adressen von Anwälten heraus, sah mir deren Internetseiten an und rief an, sofern man an der Internetpräsenz erahnen konnte, dass der Kanzlei Image wichtig sei. Den meisten schickte ich auch eine Mail. Viele konnten mit der Idee eines Image-Films aber nichts anfangen oder ich wurde bereits von der Sekretärin abgewimmelt.

Ich fing an zu zweifeln und überlegte mir dann, dass es doch viel sinnvoller sei, sich direkt an Werbeagenturen und Webdesigner zu wenden. Ihnen konnte man eine Kooperation vorschlagen und sie bei der erfolgreichen Vermittlung eines Auftrags mit einem bestimmten Prozentsatz beteiligen. Der Vorteil hierbei lag darin, dass Werbe- bzw. Webagenturen zum einen bereits mit der Materie vertraut sind, zum anderen dass sie bereits Zugang zu potenziellen Kunden haben und somit keine Kaltakquise betreiben müssten.

Um unsere Akquise zu optimieren, besuchte ich mit [Betreuer_U2] im Juni ein Seminar. Hier lernten wir viel über den richtigen zeitlichen Ablauf und die Ansprache der Kunden. Ein Tipp war bspw. dass man sich nach dem ersten Telefonat spätestens nach 3 Tagen wieder melden sollte, da man sonst in Vergessen gerät. Weiterhin sollte man auch der Sekretärin den notwendigen Respekt entgegenbringen und sich ihren Namen merken, da sie oft der einzige Weg zum Chef ist.

Bei den Werbeagenturen war das Interesse dann tatsächlich größer. Ich konnte sogar einige Termine vereinbaren. Da [Betreuer_U2] aber auf Grund ihrer zusätzlichen Tätigkeit als Kamerafrau oft keine Zeit hatte, musste ich die Termine auch sehr oft wieder verschieben.

Eine weitere Auftragsmöglichkeit bieten Sendungen wie ZDF WiSo. Hierzu müssen Themen recherchiert und mit Autoren aufgearbeitet werden. Meine Aufgabe bestand darin passende Themen vorzuschlagen. Zu diesem Zweck sah ich mir ein paar Folgen und den Internetauftritt der Sendung an und las dann entsprechende Zeitschriften, die ungefähr dieselben Themen behandeln.

2.3.5 Allgemeine Bürotätigkeiten

Die allgemeinen Bürotätigkeiten umfassen zum einen das Abholen, Öffnen und Bearbeiten der täglichen Post. Absolute Priorität hatte jedoch die telefonische 24-Stunden-Erreichbarkeit. Was bedeutete, dass das Telefon von 9 bis 18 Uhr mein ständiger Begleiter war. Die Bereitschaft nach 18 Uhr und am Wochenende wurde dann immer gleichmäßig unter den Kollegen aufgeteilt.

Auch die Schlüsselein- und -verteilung gehörte zu meinen Aufgaben. Zum einen war ich für die Verteilung aller vorhandenen Schlüssel zuständig. In der Vergangenheit gab es hier kein ordentliches System, weshalb bis dato nicht schlüssig war, wie viele Schlüssel zu den jeweiligen Zugängen überhaupt im Umlauf waren. Aus diesem Grund legte ich hierfür ebenfalls eine Tabelle an. Außerdem richtete ich je zwei Gast-Schlüssel für freie Mitarbeiter ein, die für den Fall, dass ein Dreh besonders früh anfing oder zu Ende war, mitgegeben werden konnten. Hierfür musste ich natürlich erst neue Schlüssel anfertigen lassen.

Da unser Hauptgeschäft aus der aktuellen Berichterstattung besteht, finden viele Drehs im Bundestag oder Bundespresseamt statt. Für diese Örtlichkeiten ist jeweils eine Akkreditierung notwendig. Hierfür müssen unsere festen als auch freien Mitarbeiter jeweils ein Dokument ausfüllen. Dieses bestätige ich im Namen der Firma mit Hilfe eines Stempels und faxe es dann an die zuständige Stelle. Nach ca. einer Woche müssen die Mitarbeiter ihren Ausweis unter Vorlage des Personalausweises den Ausweis persönlich abholen, da bei dieser Gelegenheit ein aktuelles Foto vor Ort gemacht wird.

Ich war im Allgemeinen auch für die sonstige Einteilung des Personals zuständig. So musste ich Aufgaben verteilen wie bspw. den Auto- oder Technik-Check. Wenn Reparaturen oder Neuanschaffungen anstanden, musste ich diese organisieren.

Da es bei den Drehs oft um Minuten geht, haben die Kamerateams nicht immer Zeit ordnungsgemäß zu parken. Um daraus entstehende Kosten zu senken erhielt die [Unternehmen_2] GmbH vom Bezirksamt für beide Autos eine Ausnahmegenehmigung mit der bspw. Das Parken auf Gehsteigen und öffentlichen Plätzen erlaubt sind. Diese wird im Auto sichtbar ausgelegt. Flattert dennoch eine schriftliche Verwarnung ins Haus, muss ein Einspruch verfasst und mit einer Kopie der Ausnahmegenehmigung an den Polizeipräsident, Referat Verkehrsordnungswidrigkeiten, per Fax gesendet werden. Greift die Genehmigung nicht, müssen die Mitarbeiter die Strafe aus eigener Tasche zahlen.

Jedes Jahr aufs Neue findet die Ausschreibung für EB-Dienstleistungen für den Hauptkunden statt. So musste ich im August unter Anleitung von [Betreuer_U2] alle notwendigen Unterlagen zusammenstellen. Hierzu ergänzte und aktualisierte ich lediglich die bestehen Unterlagen aus dem vergangen Jahr.

3   Persönliche Reflektion

Auch wenn ich nur kurze Zeit bei [Unternehmen_1] war, habe ich dennoch einige nützliche Erfahrungen gemacht, die ich bei meiner späteren Berufswahl berücksichtigen werde. Der Arbeitstag begann dort zwar erst um 10 Uhr morgens, endete dafür aber erst gegen 19 Uhr. Ich persönlich empfand dies als sehr störend, da man somit die beste Zeit des ganzen Tages bei der Arbeit verbringen musste. Mir ist es lieber früher anzufangen und früher wieder zu gehen, insbesondere in Zeiten der Auftragsunterforderung.

Letztendlich entschied ich mich für [Unternehmen_1] nicht nur wegen den in Aussicht gestellten Aufgaben, sondern auch wegen der Entlohnung. Hier erhielt ich 450 Euro brutto monatlich, was in meiner Lage als Studentin durchaus ein entscheidender Faktor ist. Beim Bewerbungsgespräch wurde aber bereits erwähnt, dass es vorkommen kann, dass die Auftragslage im Sommer etwas geringer sein könnte. Dies nahm ich aber in Kauf. Das Zusammenspiel von Uhrzeit und „nichts-zu-tun-zu-haben", war im Nachhinein jedoch der Grund, weshalb ich einen Wechsel des Praktikums erwog. Für mich habe ich den Schluss gezogen, bei solch minimalen Beträgen eher den Job anzunehmen, der einfach mehr „Erfüllung" verspricht.

Bei [Unternehmen_2] habe ich ebenfalls einige nützliche Erfahrungen mitgenommen, weshalb ich im Endeffekt froh war, dass ich gewechselt hatte, weil ich diese Erfahrungen bei [Unternehmen_1] sicherlich nicht gemacht hätte. Da das Unternehmen und auch das Team noch sehr jung ist, konnte ich tiefe und intime Blicke hinter die Kulissen werfen und bekam aus der ersten Reihe mit, was es heißt ein Unternehmen zu gründen. Ich erfuhr mit welchen Schwierigkeiten man zu kämpfen hat und welche Lösungsstrategien man dagegen anwendet.

Das Unternehmen wirtschaftet bisher bspw. ohne Rücklagen, d. h. es wird ein Konto verwendet, auf das Forderungen eingehen und Verbindlichkeiten gezahlt werden. Da aber oft Kreditoren nicht rechtzeitig zahlen und sich Zeit lassen, konnten auch wir unsere Rechnungen nicht immer rechtzeitig zahlen. Zu weilen kam vor, dass wir zum Monatsende einen kurzfristigen Kredit von der Bank erbitten mussten, um die Gehälter rechtzeitig auszahlen zu können.

Weiterhin mussten auf Grund des mangelnden Personals oft freie Mitarbeiter eingekauft werden, so dass vom Erlös eines Drehs wieder zwei bis drei Drittel an diese abgegeben werden mussten. Mit diesem Geld hätte man locker mindestens einen festen Mitarbeiter unterhalten können, so dass der eigentliche Gewinn am Ende höher wäre. Das gleiche gilt für Technik, die man häufig ausleihen musste. Das ausgegebene Geld wäre in einer Finanzierung des entsprechenden Geräts besser angelegt gewesen.

Für problematisch halte ich außerdem die Doppel-Tätigkeit der Geschäftsführerin, die gleichzeitig auch Kamerafrau Nummer 1 ist. Da sie oft auf Drehs musste, kam die Kundenakquise und –betreuung oft zu kurz. Vereinbarte Termine mit Neukunden mussten viel zu oft verschoben werden, was zum einen die Motivation zu einem Treffen von Mal zu Mal mindert, zum anderen den Eindruck erweckt, als sei der Kunde nicht wichtig. Hin und wieder wurden neue Kunden während eines Drehs auch in „fremde Hand" gegeben, wobei speziell in der Anfangsphase einer langfristigen Geschäftsbeziehung der persönliche Kontakt von größter Wichtigkeit ist. Zum einen um dem Kunden zu zeigen, dass man sich persönlich um ihn kümmert. Zum anderen sind bei neuen Projekten die Arbeitsabläufe noch nicht festgelegt, so dass man auf unvorhergesehene Schwierigkeiten schnell reagieren muss, vor allem wenn auch noch der redaktionelle Part der Produktion zur Dienstleistung gehört.

Durch eine längere Durststrecke an Aufträgen von den beiden größten Kunden wurde uns bewusst, wie abhängig das Unternehmen tatsächlich von diesen Kunden war. Aufgrund dessen wurde begonnen, die bestehenden Kundenkontakte mit Firmen und anderen Sendern aufzufrischen und sich ins Gedächtnis zu rufen.

Besonders gut gefallen hat mir, dass ich alle meine Aufgaben eigenverantwortlich erledigen konnte, also nicht einfach nur dem nächsten Ranghöheren zuarbeiten musste. Ich wurde in alle Entscheidungen und Beratschlagungen eingebunden und man legte auf meine Meinung viel Wert. Besonders diese Faktoren motivierten mich so sehr, dass ich mehr Zeit und Engagement in die Arbeit steckte, als eigentlich erforderlich gewesen wäre. Auch diese Kriterien werden bei meiner nächsten Berufswahl eine entscheidende Rolle spielen.

Literatur- und Quellenverzeichnis

[Unternehmen_2-Hauptsitz] Gmbh (2011): Unternehmenshomepage. Internet: http://www.avmedien.com, 11.10.2011

[Unternehmen_1] GmbH (2011): Unternehmenshomepage. Internet http://www.[Unternehmen_1].net, 11.10.11

Bundesministerium für Wirtschaft und Technologie (Hrsg.)
(2011): Initiative Kultur- und Kreativwirtschaft der Bundesregie-
rung. Internet http://www.kultur-kreativ-wirtschaft.de, 26.09.2011

Burghardt, Manfred (2007): Einführung in Projektmanagement.
Definition, Planung, Kontrolle, Abschluss. 5. Aufl. Erlangen:
Publics.

Casutt, Christian (2005): Projekt – oder geht auch einfacher?
Einleitung und Überblick. In: Litke, Hans-Dieter (Hrsg.): Projekt-
management. Handbuch für die Praxis. Konzepte, Instrumente,
Umsetzung. München/Wien: Carl Hanser. S. 1 – 54.

Gläser, Martin (2006): Projektleitung – Leitung und Koordination
von Medienprodukten. In: Scholz, Christian (Hrsg.): Handbuch
Medienmanagement. Berlin/Heidelberg/New York: Springer. S.
579 – 599.

Gläser, Martin (2008): Medienmanagement. 1. Auflage. München:
Verlag Franz Vahlen.

Gläser, Martin (2010): Medienmanagement. 2. Auflage. München:
Verlag Franz Vahlen.

Keuper, Frank; Puchta Dieter; Röder, Stefan (2009): Creative
Industries benötigen Creative Finance – Innovative Finanzierungs-
lösungen für die Filmwirtschaft. In: Hülsmann, Michael; Grapp,
Jörn (Hrsg.): Strategisches Management für Film- und Fernsehproduktionen. Herausforderungen, Optionen, Kompetenzen. München: Oldenburg Wissenschaftsverlag GmbH.

Nowka, Michael (1983): Die wirtschaftliche Phänomenologie des Spielfilms als Ware. Finanzierung, Produktion und Vermarktung von Spielfilmen. Dissertation vom Fachbereich Wirtschaftswissenschaften der Technischen Universität Berlin.

Schelle, Heinz; Ottmann, Roland; Pfeiffer, Astrid (2005): ProjektManager. 2. Aufl. Nürnberg: GPM Deutsche Gesellschaft für Projektmanagement.

Schelle, Heinz (2007): Projekte zum Erfolg führen. Projektmanagement systematisch und kompakt. 5. Aufl. München: DTV.

Schellmann, Bernhard; Baumann, Andreas; Gaida, Peter; Gläser, Martin; Kegel, Thomas (2008): Medien verstehen gestalten produzieren. 4. Aufl. Haan-Gruiten: Verlag Europa-Lehrmittel.

Schütte, Oliver (2002): Ideenentwicklung: Stoffsuche und Stoffentwicklung. In: Geißendörfer, Hans W.; Leschinsky, Alexander (Hrsg.): Handbuch Fernsehproduktion. Vom Skript über die Produktion bis zur Vermarktung. Neuwied/Kriftel: Luchterhand. S. 174 – 195.

Sehr, Peter (1998): Kalkulation (I). Vom Drehbuch zum Drehplan. Mit Fallbeispiel „Die Reise nach Tramitz". Reihe Filmproduktion, Bd. 3, Teil 1. München: TR-Verlagsunion.

Senatsverwaltung für Wirtschaft, Technologie und Frauen (Hrsg.) (2008): Kulturwirtschaft in Berlin. Entwicklungen und Potenziale. Informationsbroschüre. Berlin

VDW Verband deutscher Werbefilmproduzenten, VDW Abstimmung mit OWM und GWA (Hrsg.) (1999): Werbefilme produzieren. Richtlinien für die Herstellung von Fernseh- und Kinospots. Vom Auftraggeberbriefing bis zur Ausstrahlung. Frankfurt a. M.

Von Thadden, Guido (2001): Filmwirtschaft und Filmförderung in Baden-Württemberg. In: Clevé, Bastian; Flechsig, Norbert (Hrsg.): Schriftenreihe zur Film-, Fernseh- und Multimediaproduktion. 1. Auflage. Potsdam: Verlag für Berlin-Brandenburg GmbH.

Wendling, Eckhard (2008): Eine Einführung in die Produktionsleitung. 1. Auflage. Konstanz: UVK Verlagsgesellschaft mbH.

Worthington, Charlotte (2009): Basics Film Produktion. Budget- und Managementaspekte einer Film- oder Programmproduktion. 1. Auflage. München: Stiebner Verlag GmbH.